田女王《おおきみ》、
代を憂う

大川隆法
Ryuho Okawa

まえがき

額田女王——古文の授業や日本史の授業で、一度くらいはお聞きになったことはあろう。万葉集最大の歌人の一人である。

ただ、私の気持ちの中には、そういったありふれた表現では言い尽くせぬ何かが響いてくる。

この声と話し方に、遠い日の記憶が反応してくるのだ。揺れるまなざし——ひだのある白いスカートが良く似合って、笑うと左の八重歯がかすかに見える。

あっさりとした性格ではあるが、私が一歩近づくと、逃げ水のように、少しだけ距離を取る。「ルイ・ヴィトンて知ってる?」「知らない。」「多分そうだと思ったわ。」……。現代のニューヨーク帰りの男が五番街を何十回も往復しても、ルイ・ヴィトンの看板の存在さえ目に入っていない――その現実を見はるかすように、三十年の昔へと消え去っていく若い女性の面影《おもかげ》。

私の感情は、大海《おおあま》人《の》皇子と一瞬交錯《こうさく》し、現実の戦いへと戻ってゆく。本書は幻想の世界から現実の世界へと回帰していく。もうこれ以上語り過ぎるのはやめよう。

二〇一四年　十一月十一日

幸福《こうふく》の科学《かがく》グループ創始者兼総裁《そうししゃけんそうさい》　大川隆法《おおかわりゅうほう》

額田女王、現代を憂う　目次

額田女王《ぬかたのおおきみ》、現代を憂《うれ》う

二〇一四年十一月九日　収録
東京都・幸福の科学　教祖殿《きょうそでん》　大悟館《たいごかん》にて

2

和歌を詠《よ》むことは「自分が霊的《れいてき》存在である証明」だった　37

「霊言現象《れいげんげんしょう》」とは、あの世の霊存在の言葉を語り下ろす現象のことである。これは高度な悟《さと》りを開いた者に特有のものであり、「霊媒現象《れいばいげんしょう》」(トランス状態になって意識を失い、霊が一方的にしゃべる現象)とは異なる。

なお、「霊言」は、あくまでも霊人の意見であり、幸福の科学グループとしての見解と矛盾《むじゅん》する内容を含《ふく》む場合がある点、付記しておきたい。

額田女王《ぬかたのおおきみ》、現代を憂《うれ》う

二〇一四年十一月九日　収録

東京都・幸福の科学　教祖殿《きょうそでん》　大悟館《たいごかん》にて

額田女王《ぬかたのおおきみ》（七世紀ごろ）

飛鳥《あすか》時代の皇族で、『万葉集《まんようしゅう》』初期を代表する歌人《かじん》。天武《てんむ》天皇の妃《きさき》。『日本書紀』では、鏡王《かがみのおおきみ》の娘であり、大海人皇子《おおあまのおうじ》（のちの天武《てんむ》天皇）に愛され、十市皇女《とおちのひめみこ》を産んだとされる。また、遺《のこ》された歌の内容から、中大兄《なかのおおえの》皇子（のちの天智《てんじ》天皇）と大海人皇子の兄弟に愛されたとも伝えられている。

質問者　武田亮《たけだりょう》（幸福の科学副理事長 兼《けん》 宗務《しゅうむ》本部長）

仲村真里依《なかむらまりえ》（幸福の科学理事 兼 宗務本部第二秘書局長 兼 政務本部総裁秘書）

青木梢《あおきこずえ》（幸福の科学宗務本部第三秘書局主任）

［質問順。役職は収録時点のもの］

1　万葉《まんよう》を代表する歌人《かじん》・額田女王《ぬかたのおおきみ》を招霊《しょうれい》する

額田女王《ぬかたのおおきみ》が生きていた七世紀日本の時代背景

大川隆法　今日は、「額田女王《ぬかたのおおきみ》、現代を憂《うれ》う」と題して行うつもりですが、テーマはやや特殊《とくしゅ》に見えるかもしれません。日本の歌人《かじん》として有名な方ではあるものの、七世紀ぐらいの歴史だと、ぼんやりとしていて、はっきりと分からなくなっている人も多いのではないかと思います。

七世紀に入るころは聖徳太子《しょうとくたいし》が活躍《かつやく》されていた時代であり、それからしばらくたって、中大兄皇子《なかのおおえのおうじ》（のちの天智天皇《てんじ》）や中臣鎌足《なかとみのかまたり》らによる「大化の改新」などがありました。

中大兄皇子の時代には、そのあと、現代と同じように朝鮮《ちょうせん》半島との国際戦争もありました。当時は百済《くだら》が日本の一部で、二十年以上にわたる百済と新羅《しらぎ》との戦いのなかで、やがて新羅が唐《とう》と連合軍を組んで攻《せ》めてきたため、日本は百済を応援《おうえん》して戦ったのですが、結局、敗れたのです。

本来、中大兄皇子は三十歳《さい》くらいのときに天皇になることもできたのですが、そのときは一代前の天皇だった母（皇極《こうぎょく》天皇）を天皇に戻《もど》し（斉《さい》明《めい》天皇）、自分が即位《そくい》するのを後《おく》らせていました。そして、この「白村江《はくすきのえ》（白村江《はくそんこう》）の戦い」で敗れた責任もあり、皇子から天皇になるのがさらに後れたわけです。

そうした時期の物語のなかに、額田女王が登場してきます。

中大兄皇子《なかのおおえのおうじ》と大海人皇子《おおあまのおうじ》の兄弟間の確執《かくしつ》

大川隆法　実は、「大化の改新」のあと、のちに天智天皇となる中大兄皇子《なかのおおえのおうじ》と、その弟である大海人皇子《おおあまのおうじ》（のちの天武《てんむ》天皇）との間にも確執《かくしつ》がありました。

天智天皇は自分の子供である大友皇子《おおとものおうじ》を跡継《あとつ》ぎにしようとしていたため、大海人皇子は、「天智が生きている間は、自分が天皇になるのはちょっと無理だ」と考え、吉野《よしの》の山に入り、いったん出家《しゅっけ》して隠遁《いんとん》して見せるのですが、兄の天智天皇が亡《な》くなったあと、もう一回挙兵して、甥《おい》に当たる大友皇子を攻め滅《ほろ》ぼし、天武天皇になったのです。そういう時代でした。

このころは「近江朝《おうみちょう》」と言って、奈良《なら》から移り、今の滋賀《しが》県の琵琶湖《びわこ》のほとりに都をつくっていた時代ですが、これも、朝鮮半島との戦いと大きく関係があったと考えられています。

一般《いっぱん》には、このなかに額田女王という方も関係していたと言われているのです。

昔の日本の美人にはかなりふくよかな人が多く、写真が遺《のこ》っているわけでもないので、今の顔では何とも言えないのですが、額田女王は、例えばこんな感じで描かれています（額田女王の絵画《かいが》が使われた書籍《しょせき》の表紙を示す）。このように非常にグラマラスで、顔もふくよかで、美人であったと思われる感じの絵を描い

梶川信行著『額田王―熟田津に船乗りせむと』（鈴木靖将画「熟田津の額田王」）

てくださっている方もいますけれども、もう少し古代のぷくっとした感じで描かれたものもあり、実際のところはよく分かりません。

『万葉集《まんようしゅう》』最大の女流歌人《かじん》として伝わる額田女王

大川隆法　それから、歴史小説家として有名な井上靖《いのうえやすし》が『額田女王』という作品を書き、テレビドラマにもなったことがあります。額田女王については『日本書紀《にほんしょき》』にわずか十六文字で書かれた記事（天皇初娶鏡王女額田姫王生十市皇女（天皇は、初め鏡王《かがみのおおきみ》の女《むすめ》、額田姫王《ぬかたのおおきみ》を娶《め》して、十市皇女《とおちのひめみこ》を生ませた））しかないのですが、十六文字で小説を一冊書くとはさすが小説家で、見てきたように書いてあるので、「すごいなあ」と思います。どこまで合っているのかは知りませんが、大したものです。

その『日本書紀』に十六文字ある文章のほかに遺っているものとしては、『万葉集《まんようしゅう》』に載《の》っている歌があります。長歌《ちょうか》三首と短歌十首の十三首があるとされていますが、巻四と巻八に同じ歌が二回収録されているので、十三首でなく十二首とする説もあります。

いずれにせよ、『万葉集』最大の歌人《かじん》の一人であることは間違《まちが》いありません。

その当時や平安時代などは、「歌が詠《よ》める」ということは才媛《さいえん》の証明であり、顔も見ることなく、暗闇《くらやみ》であったとしても恋《こい》をする時代でした。特に、平安《へいあん》時代などは、和歌の手紙（代筆《だいひつ》が多かった）をやり取りして、「美しい歌が詠めるということは、心のきれいな人なのだろう。美人だろうな」と思って、相手の顔も知らないままに恋に陥《おちい》り、夜の「通い婚《こん》」等が成立していたわけです。

確かに、歌のなかに魂《たましい》の響《ひび》きは出てくるので、どういう魂かというのは分かりますし、そこに魂の美しさを感じるものもあるでしょう。

そういう意味で、額田女王は美人だと思われたのでしょうが、それは伝説なので、実際には何とも言いかねるところがあります。

額田女王・天智《てんじ》天皇・天武《てんむ》天皇の「三角関係」は実話か

大川隆法　先ほど政治的な背景のところを少し述べましたが、この額田女王について、かなりの人が信じていることによれば、「天智《てんじ》天皇と天武《てんむ》天皇との間で額田女王を取り合うような三角関係があった」という話でしょう。これは、高校の古文等で和歌を習うときに教わることが多いのではないかと思いますけれども、そういういわれがあります。

なお、井上靖の小説でも使われている「額田女王」の「女王」といった表現は、もちろん皇室に直結するものですけれども、『日本書紀』では「額田姫王」と書いてあります。『万葉集』では「額田王」と書いて「王《おおきみ》」と読ませており、この表記が使われるほうが多いかもしれませんが、「王」だけでは男か女か分からない面があります。

そこで、女性と分かるほうがよいかと思いますし、皇室においても「女王」という呼称《こしょう》は今でも使われていますので、今日は「女王」のほうの表記を取ることにしました。

巫女《みこ》のように見える面もある額田女王

大川隆法　また、諸説いろいろありますけれども、「鏡王女《かがみのおおきみ》」という方がいて、額田女王の「母」あるいは「姉」という説などがあり、井上靖の小説では姉ですが、この方が天智天皇の妃《きさき》になっているのです。

そして、額田女王のほうは、「実は巫女《みこ》だった」というように書いてあるのですが、確かに、そのように見える面はあります。小説では、「神に仕《つか》える身であって、普通《ふつう》の人間とは違うのだから、この世に引きずり戻し、恋愛《れんあい》の対象にしようとすれば、いわゆる呪力《じゅりょく》があるため、祟《たた》り、神罰《しんばつ》が当たるような方なのだ」というような書き方がされており、実際、それらしき現象も出てきます。

例えば、天智天皇の弟の大海人皇子が、夜、額田女王をストーカー風に待ち伏《ぶ》せしていたときにも、「額田！」と二回ほど呼んだら、敵に襲《おそ》われそうな感触があって動けなくなるところが出てくるわけです。「ああ、本当にこういう呪力のようなものがあって、普通の人ではないのだな」と感じる描写《びょうしゃ》が出てきました。

もちろん、巫女であったという確証はないのですが、昔は「和歌には言《こと》魂《だま》が宿っていて呪力がある」と思われていたので、そういう意味で、和歌が詠めるということは、御神事《ごしんじ》を行うこととも非常に近いところがあると思います。

今の皇室においても、やはり和歌を詠まなければならないのですが、外国帰りの雅子妃《まさこひ》などは、歌会で和歌を詠むようなことがかなり苦痛らしく、そこに出るのはなかなかつらいようです。

もちろん、ハーバードでは和歌を詠みませんから、才能がズバリ生きるとは言えないと思います。そういう意味で、日本神道《しんとう》系の学校等を出ていないと難しい面もあったのかもしれません。

額田女王を巡《めぐ》って起きたとも言われる「壬申《じんしん》の乱」

大川隆法　なお、額田女王には、三角関係を思わせる和歌も確かにあります。背景の説明は書いていないのですけれども、歌としてはそうも読めるという面があるのです。

どうやら、彼女が巫女だったと思われるときに、弟の大海人皇子が見初《みそ》めて、自分のものにするというか、恋人ないしは事実上の最初の奥《おく》さんにしたのではないかと言われているのですけれども、そのあと、兄である天智天皇に取られるわけです。つまり、兄の特権により、取り上げられたということです。

ただ、その前に、額田女王と大海人皇子との間には子供がすでに生まれていました。その子供は娘《むすめ》だったのですが、この娘が、天智天皇の息子である大友皇子と結婚するのです。

要するに、兄と弟の戦いに当たる、あるいは、甥対叔父《おじ》の戦いに当たる「壬申《じんしん》の乱」は、実は、額田女王を巡《めぐ》って起きた事件でもあるのではないかとも言われているわけです。

なぜ、額田女王が産んだ娘と大友皇子を結婚させたかといえば、おそらく、そうすることで、額田女王の位置を安定させようとしたのでしょう。兄とも弟とも一定の距離《きょり》が取れるあたりのところに位置をつくろうとしたのではないかとも言われているのです。

ある意味で、悲劇の存在にもなった方ではあります。

額田女王の「恋歌《こいうた》」と大海人皇子《おおあまのみこ》の「返歌」

大川隆法　さらに、脱線《だっせん》ついでに述べますと、天智天皇のお后《きさき》になっていたときに、紫野《むらさきの》に行ったときの歌として、「あかねさす　紫野行《ゆ》き　標野《しめの》行き　野守《のもり》は見ずや　君が袖振《そでふ》る」という歌があります。額田女王が外にお出《で》掛《か》けになって歌を詠んでいるわけです。

さて、「野守は見ずや」とありますが、野守とは、野原の番人、見張りをしているような人のことで、「そういう番をしている人たち、見張りをしている人たちに見つからなかっただろうか」ということです。

続けて、「君が袖振る」とありますが、つまり、「思いを寄せているあなたが袖を振っているところを見ている私を、ほかの番人たち、見張っている人たちに見られなかっただろうか」というような恋歌《こいうた》を詠《うた》っているのです。

これは、いちおう、天智天皇が袖を振っていて、天智天皇に対する愛の歌として詠ったようにも取れるのですが、このあとで、横取りされた弟である大海人皇子《おおあまのみこ》が出てきて、返歌の如《ごと》く歌を詠むわけです。

それが、「紫草《むらさき》の 匂《にほ》へる妹《いも》を 憎《にく》くあらば 人妻ゆゑに 我恋《こ》ひめやも」という歌です。「妹」とは、「恋人」ぐらいの意味です。

これは、激しい三角関係をはっきりと詠っている歌でしょう。

つまり、「匂うような君を憎く思っていたら、人妻でもあるのに、どうして恋い慕《した》いましょう。憎くないからこそ、人妻であろうとなかろうと、そんなことにお構いなく、このように恋しているのです」というようなことを堂々と詠んだので、一座の者にも、これは額田女王の歌に劣《おと》らず大胆《だいたん》な恋歌として受けとられたわけです。

額田女王の歌は、天智天皇に対して詠ったようにも読めるけれども、失敗したというか、恋歌であったがために、大海人皇子のほうに向けられたとも取れる歌でした。そのあとで、大海人皇子にこのように詠まれたら、完全に三角関係を認定されるような歌ではあったのです。

それで、古代から、恋狂《くる》わしい関係が詠われた歌として、よく取り上げられているということです。もちろん、異説はありますけれども、こういう方ではありました。

また、初期のほうの『万葉集』の中心の方ですが、最大の歌人ではあります。古代では、歌が詠めるということが非常に大事なことでしたので、これが政変にも絡《から》んだのでしょう。大化の改新などは、ある意味で、明治維新《いしん》の先取りのように見える面もありますので、そうした、時代が変わっていくときに絡んだ方でもあるのかもしれません。

私は、国文科出身ではないので、よくは分からないのですが、いちおう〝脱線〟で申し上げました。

「歌」は最短の言葉の武器でもある

大川隆法　なお、『万葉集』には、十二首とも十三首ともいわれる歌が入っているのですが、私の好きなものはこの歌です。

「熟田津《にぎたつ》に 船乗《ふな》りせむと 月待てば 潮《しお》もかなひぬ 今は漕《こ》ぎ出でな」

「熟田津」とは、現在の愛媛《えひめ》県松山《まつやま》市辺りだと言われていますが、当時、ここを拠点《きょてん》にして、百済を応援する防衛軍を派遣《はけん》していました。そして、月が満ち、潮が満ちてくるのを待って、そういう〝海軍〟を送るわけです。

このときには、二週間ぐらい待っていたらしいのですが、額田女王のこの歌が詠まれると、それを合図にして一斉《いっせい》に船が出ていったようですから、ある意味で、天皇の意を受けて歌を詠み、それが号令になったのでしょう。縁起《えんぎ》をかついで、言魂を込《こ》めた歌を詠んでいるように思います。

つまり、「熟田津に」（熟田津という所で）、「船乗りせむと月待てば」（船を出そうと月を待っていたけれども）、「潮もかなひぬ」（潮が満ちてきた）、「今は漕ぎ出でな」（今こそ漕ぎ出そう）ということですから、言魂としては、非常に何か鼓舞《こぶ》するような力が入っており、有名な歌の一つでしょう。

やはり、大したものだと思いますし、これは、戦いに出る人たちにとって、とても心揺《こころゆ》さぶられる歌であったのではないかと思われます。

このように歌で覚えられる人としては、吉田松陰《よしだしょういん》なども、そうでしょう。『留魂録《りゅうこんろく》』の「親思ふ　心にまさる　親心　今日のおとづれ　何と聞くらん」

と、もう一つは、「かくすれば　かくなるものと　知りながら　やむにやまれぬ　大和魂《やまとだましい》」という、二首の歌がとても有名です。あるいは、「やむにやまれぬ大和魂」の歌一首で日本中に知れ渡《わた》ったところもあるでしょう。

このように、歌とは三十一文字ぐらいで、けっこう人の心をつかんでしまうところがあるので、最短の言葉の武器でもあると思います。言葉を武器として、あるいは、道具として、世の中を変えることもありうるということです。

『万葉集《まんようしゅう》』の歌人《かじん》・額田女王を招霊《しょうれい》する

大川隆法　この方（の霊）が、昨日あたりからチラチラ来ていますので、現代について、いろいろなことを語りたいのではないかと思います。「卑弥呼《ひみこ》の霊言」や「豊受大神《とようけのおおかみ》の霊言」なども出していますが（『卑弥呼の幸福論』『豊受大神の女性の幸福論』〔共に幸福の科学出版刊〕参照）、この方からも、女性論や仕事論、その他、教育論等、現代のいろいろなことについて持っておられるご見解やご意見を賜《たまわ》れば幸いかと思います。少し前置きが長くなりましたが、そろそろ始めたいと思います。

（合掌《がっしょう》、瞑目《めいもく》する）

それでは、万葉集《まんようしゅう》の歌人《かじん》にして、天智天皇、天武天皇、両者に愛されたと言われています額田女王をお呼びします。

日本女性の典型的な方でもあると思いますので、どうか現代人や現代の女性、あるいは、現代のあり方について、ご意見を賜れば幸いかと思います。


額田女王の霊よ。

額田女王の霊よ。

どうぞ幸福の科学　教祖殿《きょうそでん》　大悟館《たいごかん》に降りたまいて、われらに霊的な指導を与《あた》えたまえ。

額田女王の霊よ。

額田女王の霊よ。

どうぞ幸福の科学教祖殿に降りたまいて、われらに霊的啓示《けいじ》を与えたまえ。

（約十秒間の沈黙《ちんもく》）

2　和歌を詠《よ》むことは「自分が霊的《れいてき》存在である証明」だった

「心の存在」が分からない現代は「危機的な時代」

額田女王　（一礼する）

武田　ありがとうございます。額田女王様でいらっしゃいますでしょうか。

額田女王　はい、そうです。

武田　本日は、幸福の科学　教祖殿《きょうそでん》　大悟館《たいごかん》にご降臨くださいまして、まことにありがとうございます。

額田女王　はい、ありがとうございます。

武田　今日は「現代を憂う」ということで、額田女王様に約千三百年の時を超《こ》えて霊的《れいてき》に復活をしていただきまして、「霊言《れいげん》」という神示《しんじ》を通して、現代人に対するお言葉を賜れれば幸いであると思っております。どうぞ、よろしくお願いいたします。

額田女王　はい、分かりました。

武田　現代は、千三百年の時が経《た》ちまして、額田女王様がいらっしゃったころの日本とは大きく変わった社会になっていると思います。非常に複雑化しておりますし、一方で、神仏が軽んじられた唯物論《ゆいぶつろん》・無神論の強い世の中にもなっている状況《じょうきょう》でございます。

このような現代社会に対して、また、この社会に生きる女性のあり方に関しまして、どのようなご感想をお持ちなのか、このあたりからお話を伺《うかが》いたいと思います。

額田女王　うーん……。明治維新《いしん》以降に西洋近代化がなされたことは大きな偉業《いぎょう》だとは思っておりますけれども、やっぱりそのなかから無神論や唯物論の流れが強く出てきすぎていることに対しては、古来からの日本の伝統を引く者としては、たいへん残念な思いでいっぱいですね。

現代の文明が非常に近代的なスタイルになっていくこと自体は、時の流れであるのでしかたがないとは思いますが、この世が便利になっていくことで人の心が廃《すた》れていくというか、荒《すさ》んでいくというか、あるいは「心の存在」そのものが見えなくなっていくという時代は、ある意味で非常に危機的な時代に入ったのかなあというふうに思ってますね。

たとえ、ジェット機が飛び、電車が走る時代であっても、「人が、人の心が分からない。心の存在が分からなくなった」というのであれば、これは大きな「代償《だいしょう》」を払《はら》っているると言わざるをえないというふうに、私は思っております。

和歌で言《こと》の葉《は》に乗せて詠《うた》うのは「尊い魂《たましい》」

武田　ただ今、「人が、人の心の存在が分からなくなっている」というお言葉を賜りました。

このあたりをもう少し具体的に伺いたいのですけれども、「当時の心に対する考え方」と「現代人の心に対する考え方」はどのように違《ちが》うのでしょうか。

額田女王　うーん……。私は、（現代人に対して）「まったく違った人種」

のような感じを受けております。

ですから、（私は）神々の存在する世界に生きていたし、この地上に魂《たましい》として生まれて、人間として束《つか》の間《ま》の人生を生きているということも知っていたし、またこの世を去ってあの世に還《かえ》っていくことも知っていました。

この世のなかで、人間が人間である条件は、やっぱり、うーん……。まあ、あの世ではもちろん魂として存在しているわけで、この世ではそれをなかなか実感しにくい面はありますけれども、せめて、人の心と心が通じ合うということが、魂が存在することの証明だと考えておりました。

だから、その心を表すために和歌は詠《よ》まれたり、和歌を通して相手の心を推《お》し量《はか》ったり、こちらの心を伝えたりする。これが、人間が霊的な存在であるということの証明で、コンピュータで打ったような言葉では残念ながらそうした和歌の心は伝わらないということですね。「自分のなかに尊い魂が宿っているんだ」ということを言《こと》の葉《は》に乗せて詠《うた》うということが、とても大事な時代であったわけですね。

ですから、和歌が詠めるということは、自分が霊的な存在だということを証明しているようなものでして、外見《がいけん》についていろいろと意見はありましょうけれども、それにも増して、そのなかに宿る「心の美しさ」というか、「心の調べ」を人々に伝えるということが大事だという意味合いがあったのかなあというふうに、私は思っております。

3　言葉は、「魂《たましい》の奥《おく》の無限の世界」につながっている

「束《つか》の間《ま》の人生に、永遠なるものを宿したい」

仲村　当時は和歌でやり取りをされていたと思いますが、現代では人と人の間でメールなどを使った情報のやり取りが、かなりなされています。そのことについてはどのようにお考えですか。

額田女王　まあ、私どもの時代とは違《ちが》って、それは仕事がいろいろと難し

く複雑になっているので、いろいろな通信手段は要《い》るんだろうと思います。

でも、ついこの前まで、手紙とかをやり取りもしていた時代ではあるんです。

今は電話の声も聞けずに活字だけで入ってくるような時代に入ってはいるわけですが、便利にはなった反面、「心の触《ふ》れ合い」はずいぶん少なくなったなあという感じはしますし、何か「人を待つ心」っていいますか、「人を思って、ずーっと待っている気持ち」みたいなものが廃《すた》れてしまったのかなあという気持ちがありますね。

だから、恋《こい》なんていうものは、やっぱり恋しい人と会えるまでの間をじっと耐《た》え忍《しの》ぶ時間に尊さがあるので、何でも簡単に連絡《れんらく》が取れる時代が必ずしもいいものだとは思えないし、メールのようなもので伝えても、そんなものは泡《あぶく》のように消えていくようなものですよね。

やはり、そういうものじゃないかたちで残っていくものでありたいなあ。束《つか》の間《ま》の人生の、束の間のエピソードなのかもしれないですけれども、何かそのなかに「永遠なるもの」を宿したいという気持ちを持っています。

「言葉」には「神様の格」が表れる

仲村　額田女王様は和歌でたいへん有名な方でいらっしゃいますが、言葉に「言魂《ことだま》（言霊）を込《こ》める」というのは、どのようにされていたのでしょうか。

額田女王　うーん……。ここは難しいところですが、現代の方に言うことは、もうかなり困難なことだとは思いますけども……。

言葉は、すなわち、「神様の格」を表すようなものなんですよね。

もし、「神様の格」というのが不適当であるならば、「人間から神様までの階梯《かいてい》」がありますけれども、「その階梯のどの位置に自分がいるか」ということを示すものが「言葉」だと思うんですね。

そういう意味で、言葉を紡《つむ》ぎ出すということは、たいへん大切なことなんですよね。

ですから、千三百年経《た》ってまだ（私の）言葉が遺《のこ》ってるということは、たいへん名誉《めいよ》なことで、エジプトのピラミッドがたとえ風化してなくなっても、言葉は遺る場合だってあります。

おそらく、いろいろな宗教家なんかの有名な言葉なども何千年の歳月《さいげつ》を超《こ》えて遺っていくものだと思いますけれども、そうしたもので長く、多くの人々の心に残る言葉を遺せた人は、人間から神様に向かっていく階梯を上《のぼ》っていく、そういう途中《とちゅう》にある者だというふうに思います。

やはり、それを洗練していくということが、魂を磨《みが》いていくということにもつながっていくんではないかというふうに考えます。

「神々の世界」から「言葉」が降りてきていた

仲村　額田女王様はどのようにして洗練された言葉を使っていかれたのでしょうか。言葉の力の磨き方と言いますか……。

額田女王　ああ、分かりません。それはもう自分に忠実に生きていただけで、思いが、やっぱり湧《わ》き出てくるので。

湧き出てくる思いを調《ととの》えただけのことであるので、「湧き出てきた思いはどこから来てるか」と言われても、それは脳のなかから出たものではないことは明らかだと、私は思っています。

もっと奥深いもので、自分の魂の奥深いところから出てきているし、魂の奥深いものは、潜在《せんざい》意識というか、霊界《れいかい》のもっともっと深い深い世界までつながっているように思いますね。

現代の人は「脳で物事を考える」と思っていらっしゃるのでしょう。

確かに、脳はそうした歌をつくるに当たって言葉を調整したりする機能ぐらいはあるかもしれません。

けれども、「根源的なる思い」そのものは決して脳がつくっているものではないので、人間に宿りたる魂の中心から出てきているものであるし、その魂の中心は、肉体を突《つ》き抜《ぬ》けて、はるかなる無限の世界までつながっているものだというふうに感じています。

はっきり言えば、そうした言葉が降《お》りてくるというか、降《ふ》ってくる感じなので。

先ほどのご紹介《しょうかい》にもありましたけれども、私自身も巫女《みこ》的な役割もやっておりましたし、御神事《ごしんじ》もやっていました。実際は霊体質で、神降ろしというか、神様の言葉も伝えるような役割もやっておりましたので、直接あの世の神様がたのお言葉を取り次ぐ仕事もしておりました。

ですから、みなさまがたの霊言集《れいげんしゅう》とかが出ていますけれども、そうした「霊言」っていうものはとってもよく分かります。

まあ、こんなにたくさんの思想が説かれるというのは、ちょっと私たちの時代とは違いすぎますけれども、それでも「言《こと》の葉《は》が神様から発されて降りてくる」ということについてはとてもよく分かります。

4　霊的《れいてき》な世界からのメールに当たるのが「霊言《れいげん》」

日本全国に、いろいろな神社が建った理由

武田　今のお話に続いて質問させていただきます。
まさに、今、額田女王様が、大川総裁のお体に宿られて、「霊言《れいげん》」をされているわけなのですが……。

額田女王　はい。そうです。

武田　額田女王様が、当時、神々の言葉を降ろしていたことと、今、実際に体験されていることとの違《ちが》いや、この「霊言現象」を説明するとしたら、どのようなお話になりますでしょうか。

額田女王　まあ、この体験は、私にもあるので……。私たちの時代は、それを信じる時代であったので……。うーん。

今の時代は、非常に難しくなったんだなあと思います。

私たちの時代、それは、仕事としてもあったし、「尊いもの」としても認められていたし、そうした御神事《ごしんじ》が執《と》り行われなかったならば、「神社」というものが、日本全国に、いろんなかたちで広がっていって、いろんな神様を祀《まつ》るということもなかったのではないでしょうか。

いろんな神様がいらっしゃいますけれども、「いろんな神社がある」ということは、やはり、「そこのご祭神《さいじん》を神降ろしする方がいた」ということだと思います。

神官《しんかん》なり巫女《みこ》なりがいて、（神様を）巫女に降ろして、神官が審神者《さにわ》する場合もあれば、神官そのものに、本当の神様のほうが降りてくる場合もあっただろうと思いますが、そういうことがなければ、日本各地に、これほどの数の神社が建つことは、たぶん、なかったでしょうねえ。

「霊言《れいげん》」は、神の世界と人間の世界を結ぶもの

額田女王　そして、霊的な世界からの、あなたが言ったような、いわゆる

「メール」に当たるものが、この「霊言《れいげん》」であって、これがなくなったら、「神の世界」と「人間の世界」は、完全に断絶してしまいます。そうした、〝メール機能〟がなくなってしまうということなのでね。

これは、いわゆる、「電子メール」かもしれないし、「お手紙」かもしれないし、「おはがき」かもしれないし、「電話」かもしれないし……、まあ、分かりませんが、とりあえず、「天の声をこの世に伝える」という仕事があったということですよね。

現代では、それがなくなって、地上の人間が考えたものだけのやり取りで、すべてが終わろうとしており、人間が、自ら、「天とのやり取り」や「天と地を結ぶ電話回線」を否定して、自分の脳だけで、すべてを考えている。

そのように、〝コンピュータの回路だけでつながっている〟と考えるようになってきたことに対しては、たいへん残念です。

現代の産業は、コンピュータがなければ成り立たないところがありますけども、一方で、「失ったものの代償《だいしょう》は大きいな」というふうに、私は思っています。

〝小さな神々〟になろうとしている人間に対する思い

武田　現代人では、このような「霊言」を信じることができず、「神の言葉」を知らずに生きている人が多いわけですが、額田女王様は、このような人々を、どのように見ていらっしゃいますでしょうか。

額田女王　悲しいですね。とても悲しいと思います。

人間は本をたくさん書いて……、まあ、日本でも、今は、年に数万冊もの本が出ますけれども、昔は、本を書けるのは大学者や大作家に限られていて、本を書ける人は少ししかいませんでした。

しかし、だんだん、いろいろな人が書けるようになり、個人で文章を活字化できるような時代になってきたし、情報も自分で発信できるようになってきて、みんなが、〝小さな神々〟になろうとしているんだろうとは思います。

そういう意味では、便利になった一方で、神様に祝福を受けた人の言葉が選び分けられない時代になったということは、残念ですねえ。

額田女王が聴《き》いていた「神々の声」とは

仲村　当時、御神事をされていたときに巫女の役割をされていたということは、「神様に仕える仕事をされていた」ということだと思いますが、「神様に仕えるということは、どのようなことなのか」、「どのような心持ちが大切なのか」について、教えていただけますでしょうか。

額田女王　もちろん、その人の心境《しんきょう》に合わせた神様しか降りてきませんので、そのへんのところが、「修行《しゅぎょう》の部分」っていうか、難しいところなのでしょうけどねえ。

和歌に表れているものも、そうした、「自分の心境の証明」のようなものだったとは思いますが、額田女王と呼ばれていたときには、一通り、日本神道《しんとう》の、わりあい中心的な位置にあられた神様がたのお声を聴《き》くところまでは行っていたのかなあと思います。

ただ、現代の霊言集等で出されているような、思想のようなかたちで聴くところまでは行かず、「たぶん、神様は、こういうご意見だと思います」というような感じでお伝えするレベルのものが多かったとは思うんです。

先ほどのお話にもありました、「熟田津《にぎたつ》の歌」は、防人《さきもり》といいますか、出征《しゅっせい》していく兵士たちに対して手向《たむ》ける言葉を降ろしたものですが、これも、ある種の御神示《ごしんじ》なんですよね。

天上界《てんじょうかい》の神様がたからの御神示を受けて、「神様がたも応援《おうえん》していますよ」ということをお伝えし、兵士たちが士気を上げて行くということで、「これは、神様からの応援を受けての出征であるのだ」ということを、みんな認識して出ていったわけですよね。そういう意味での役割は果たしていたというふうに思っております。

そのように、大きな教義を説くような者ではございませんので、難しいことは言えませんが、おそらく、日本の草創期の神々の大部分……、まあ、大部分と言っても、数が多すぎますから、全部ではございませんけれども、女性としては、もちろん、天照大神《あまてらすおおみかみ》様や卑弥呼《ひみこ》様、あるいは、神功皇后《じんぐうこうごう》とか、いろんな方々の声は聴いておりましたし、男性としては、国之常立神《くにのとこたちのかみ》や、もちろん、天御中主神《あめのみなかぬしのかみ》、日本武尊《やまとたけるのみこと》、その他、いろんな神々の声も聴いていたと思っています。

5　現代において「正しく語る」ことの難しさ

現代は、平静な心を維持するのがとても難しい

青木　先ほどは、「心を尊ぶ大切さ」についてお話しいただきましたが、現代でも、女性は、いろいろな立場を取っており、家庭や仕事などで、さまざまに忙《いそが》しいなかにあると思います。そうした女性が、女性らしく、心を穏《おだ》やかにして、調和の心を保ち続ける秘訣《ひけつ》がありましたら、お教えいただければ幸いです。

額田女王　まあ、現代という世の中は、そんなに簡単な時代ではないなあというふうに思いますねえ。

あなたがたは、「ベータ波」という言い方をされるんだと思いますけども、（現代の生活は）ベータ波に満ちた生活だと思いますね。だから、いろいろな職場にいても、どこにいても、精神の統一が乱れるようなことが多うございます。

そのなかで、穏やかな、平静な心を維持《いじ》するっていうのは、とても難しいですね。それが、銀行であれ、商社であれ、マスコミであれ、書店であれ、どのような職場であっても、やっぱり、「この世に生きる」ということは、厳しいことであろうなというふうには思っております。

また、「自分の心のなかを見つめる」という作業そのものは、ほかの人には分からない部分であるので、現代においては、「心の友」といいますか、「魂《たましい》の友達」を見つけるのは、そんなに簡単なことではないと思うんですね。

先ほど言った、「メール友達」をつくっても、「それが心の友になる人かどうか」っていうのは、そんなに簡単に分かるようなことではないんじゃないかなあというふうに思います。

あるいは、職業上だけのつながりでの人脈は、いくらでもできるのかもしれませんが、「その心の奥底《おくそこ》のところまでつながっていく」っていうのは、そんなに簡単なことではないし、現代人の多くは、〝二重底《にじゅうぞこ》〟になっていて、「本心」を語らず、自分の生活や職業を守ることで、外側を、二重、三重に囲っていることが多く、「心を押《お》し開《あ》けてまで、話してはくれない」っていうところはあるのではないでしょうか。本当に、本当に難しいと思います。

「その人と会うと心が洗われる」という人は本当に少ない

仲村　「心の平静」という部分にかかわると思うのですが、大川総裁からは、「現代の女性は言葉について間違《まちが》ってしまうことが多いので、正語《しょうご》の反省をするとよい」と教えていただいています。そこで、「正しく語ること」について、何かアドバイスを頂けますでしょうか。

額田女王　「語る」というか、「言葉」というものに対しては……、まあ、私も、「職業歌人《かじん》」とも言われたぐらいではあるので、非常に敏感《びんかん》な者でありますし、「言葉の内容」とか「響《ひび》き」とかは、すごく敏感に感じます。普通《ふつう》は、歌などを聴いて感動するのでしょうけれども、私は、歌自体を聴かなくとも、書かれた文章などから響いてくるものを感じるのです。

例えば、小説のようなものを見ても、「地獄《じごく》的な波動《はどう》」と「天上界《てんじょうかい》的な波動」っていうものを感じ分けることはできるし、人と会話をしていると、ずーっと体が重くなって、疲《つか》れてくるタイプの人もいますし、逆に、光が入ってくるような、心が軽くなってくるようなタイプの方もいらっしゃいます。また、神社に参拝《さんぱい》するときには、手を洗って口をそそぎますが、そのように、「その人と会うと心が洗われる」というような感じの人も、たまには、いらっしゃいます。

ただ、そういう人は、本当に少ないし、そういう人たちも、この世の俗《ぞく》世《せ》にまみれて生きておりますので、それを見出《みいだ》すのは、簡単なことではないというふうに思います。

6　額田女王に「恋愛《れんあい》と結婚《けっこん》」について訊《き》く

当時の男女の「恋愛観《れんあいかん》」とは

青木　質問の内容が少し変わるのですけれども、額田女王様は、「恋多《こいおお》き女性」と言われています。今の日本の女性の恋愛《れんあい》のあり方、あるいは、恋愛観、結婚観《けっこんかん》について、何か考えられていることがあれば、お教えください。

額田女王　うーん。難しくなりましたね。先ほど、私について、現代の葛《かっ》藤《とう》を先取りしてたかのようなご紹介《しょうかい》もありましたし（苦笑）、ちょっと困るところのある言い方をされたのですが……、まあ、時の権力を持っている方々に恋されるということも、大変な重圧でございまして、難しいところもありましたけれどもね。

「現代の女性の恋愛と結婚」といっても……、まあ、どちらかというと、歌を詠《よ》むような人の場合は、情熱のほうが先に立っていくほうではあるので、現実性のほうは低いことのほうが、多いことは多いでしょうね。

なぜ惹《ひ》かれるのか、それが分からないところはありますけど、私どもの時代では、「魂《たましい》と魂が惹かれ合うということは、やはり、前世《ぜんせ》からの何かがあるのではないか」というふうに感じる者も多かったですけどもね。

たぶん、現代では、そういうふうに感じる人が少ないのではないでしょうか。「運命」とか、「前世の縁《えん》」とかいうようなことを感じる人になると、すごく少なくなって、「何となくフィーリングが合う」とか、「社会的に釣《つ》り合う」とか、「美男・美女のカップルである」とか……、けっこう、「この世的な面での釣り合い」のようなもので見ていくことも多いのかなあとは思います。

「現代のスター」のような役割があった歌詠《うたよ》みの女性

額田女王　恋愛ですか。うーん、難しいですね。「恋愛の神様」にはなれないので、私には、ちょっと分からないんですけども……、うーん。

確かに、和歌などをたくさん詠《よ》んでいると、直接、会ってもない方が、歌だけを読んで、勝手に恋をしてくれることも、たくさんあるわけでして……（苦笑）。全国のいろいろな方に恋焦《こいこ》がれられたりするようなこともあったので、まあ、ある意味では、「現代のスター」みたいに見える面もあったのかなあと思います。

現代の歌姫《うたひめ》であったり、女優であったり、ニュースキャスターであったりするような、よく知られて、みんなの目に映り、憧《あこが》れられるような役割が、こういう、歌人、歌詠《うたよ》みの女性などにもあったのかなあという気はしますけどね。

「現代では、恋愛などを、どのように考えていったらいいか」って言われても……、「私に、それだけの資格があるかどうか」は分からないので、何とも申し上げられないんですが、そういうふうに、多くの人たちに共感してもらえるものを発信していたような仕事が多かったので、普通《ふつう》の恋愛と同じではないものもあったかなあと思います。

だから、「普通に、一対一で相手を好きになる」ということだけではなくて、いつも、「多くの人たちの心に、よき調べを届けたい」という気持ちを持ってはいたので、そういう意味で、広く浅く多くの人たちに、愛されたり愛したりするような気持ちが、第一段階ではあったと思います。

それで、順番に、それに絞《しぼ》りがかかって、「一人の人を愛するようなところまでいくか」ということになりますと、やっぱり、それは、そんなに簡単なことではなかったのかなあというふうには考えております。

ちょっと遠回しな言い方で申し訳ありません。

弟・大海人皇子《おおあまのおうじ》に見初《みそ》められた「最初の結婚《けっこん》」

仲村　冒頭《ぼうとう》で、大川隆法総裁から、天智《てんじ》天皇と結婚《けっこん》されてから詠まれた、「あかねさす 紫野行《むらさきのゆ》き 標野《しめの》行き 野守《のもり》は見ずや 君が袖振《そでふ》る」という歌が紹介されていました。可能な範囲《はんい》で、その歌に込《こ》められた思いを教えていただければ……。

額田女王　（笑）……。はぁ（ため息）。

仲村　あっ、もし、よろしければ、可能な範囲でお願いいたします。

額田女王　ご容赦《ようしゃ》を……（会場笑）。もうできれば、ご容赦願いたいなと思っておりますが、最初の恋愛……、まあ、御神事《ごしんじ》に携《たずさ》わっていたので、恋愛は禁止事項《じこう》でありまして、そうした巫女《みこ》さんをやっている以上、神様のことだけしか考えてはいけないのです。

この世の人とのそういう恋愛なんかをするようでは、やっぱり、御神事に差し障《さわ》りが出てきて、穢《けが》れが出てきたり、神様の声が降りてこなくなったりすることがありますので、いちおう、巫女さんをやってるときには恋愛は禁止なんです。

だけども、天武《てんむ》天皇になられた弟さんのほうの大海人皇子《おおあまのみこ》が、すごく熱心に見初《みそ》められて、現代的にいえば、本当に〝ストーカー〟と言うべきなのかもしれないけども（笑）、まあ、天皇になるような方ですから、そういう言葉を使ってはならないと思いますが、すごく恋焦がれて、慕《した》ってくださったのです。

それで、そういう御神事をやっていた者であるので、断りに断り続けました。断って断って断って、断り続けたんですけども、どうしても断り切れないような事情に相成《あいな》ることになりました。

まあ、ある意味で、昔の結婚観は現代の結婚観とはちょっと違《ちが》いますので、「歌のやり取りをして、気持ちが通じ合ったりして、契《ちぎ》りを結べば、それで夫婦《ふうふ》になった」という考えです。

現代のような法律婚ではありませんので、ちょっと考え方は違うかもしれませんが、最初に契りを結んだ方が、のちに天武天皇になられた大海人皇子のほうであったということは事実で、子供までもうけました。娘《むすめ》までできました。

まあ、それに関しては、本当に、職業上、困る面がございましたので(苦笑)、「神様の子供を宿したような言い方をしたりした」というように、小説とかにも書かれておりますけども、確かに非常に難しいですねえ。(娘は)「十市皇女《とおちのひめみこ》」と言われていますけども、女児《じょじ》まで産んだ以上、「結婚した」といって間違いないとは思います。

天智《てんじ》天皇に嫁《とつ》がざるをえなかった「つらさ」

額田女王　それが、お兄様のほうが天皇になられることで、まあ、「こちらにも見初められる」という、「兄弟、趣味《しゅみ》は似ている」といえば似ているのかもしれませんが（笑）、感性が似ているところもあったんでございましょうかねえ。

まあ、歌人として有名でございましたので、そういう意味で、天皇になられた方から、強引《ごういん》に「妻に」とおっしゃられた場合に、もはや、いかんとも……。当時は、今の天皇とは違いまして、昔の天皇は本当の権力者、元首でございますから、「行かざるをえないような状況《じょうきょう》になった」ということがあって、このへん、ちょっと、歴史の〝怪《あや》しい逆流現象〟を起こした現場にも居合わせたので、もう何とも言いかねます。

ふしだらなように言われると、もう本当に身も蓋《ふた》もないことではありますけれども、二人の「天皇になった方」、（天皇に）なる前の方もありますが、まあ、「二人の天皇の妻になった」ということです、現実にはね。

だから、「それが純粋《じゅんすい》だったかどうか」と言われると、ちょっと、それについては、もう本当に苦しいので言いにくいのですが、その歌をどういうふうにお読みになるかでお考えくだされば結構です。

それは、最初にプロポーズしてくださった方のことはなかなか忘れられないというか、現在、生きておられたから、なかなか忘れられないところがあったのは、そうですけどもね。

まあ、それは、今の天皇、あるいは、皇太子様なら、「結婚の相手を求められても、相手が次々とお逃《に》げになる」ということは、やっぱりあるように聞いてはおりますけども、「私どもの時代は、そういうわけにはいかない時代ではあった」ということですね。

これ以上はつらいので、もうご容赦いただければありがたいです。

仲村　ありがとうございます。

7　額田女王は「現代の教育」をどう見るか

今、文系に大切なのは「普遍《ふへん》なるもの」を見る心

青木　先ほどの「心」についてのお話につながるのですが、「教育論」として、少しお話をお聴かせいただければと思います。

現代では、信仰心《しんこうしん》が失われつつありますが、額田女王様は、女性が本来持っている、「目に見えない心」を大切にする心を持っておられると思います。そうした「心」を育てていく「教育としてのあり方」を、何か教えていただければ幸いです。

額田女王　科学が発達したのはいいんですけども、ちょっと何か、現代では、一方的な戦いになってしまったような感じがあります。機械文明のほうがあまりにも発達しすぎて、私どもの伝統を引くような考え方がすごく小さなものになってしまって、残念ですね。

ですから、宗教的な精神とかも、どこか隅《すみ》っこのほうに追いやられてしまって、非常に値打ちのないもののようにみんな思っているらしくて、宗教的な偉大《いだい》な思想に触《ふ》れることよりも、スマホの新機種をつくり出すことのほうが、立派なことのように思っているような時代になったんじゃないでしょうかねえ。

それは、残念なことだと思っていますよ。そういう、機械の新しいものをつくったりしても、それは日進月歩《にっしんげっぽ》の世界で、次々と、新しいものがつくられては古いものが捨てられていく時代なのでね。

まあ、「そういう新しいものが欲《ほ》しい」というのは分かりますけれども、「永遠普遍《ふへん》のものも、また同時に、すごく尊いものとして、過去・現在・未来を貫《つらぬ》くものとして存在しているのだ」ということを知ることは難しいですね。

だから、文系であっても、現在ただ今に起きている、いろいろな文化現象とか、政治現象とか、学術現象とかに関心を持つことはいいことだと思うのですけれども、そうした、現在ただ今に起きていることのなかに、やはり、「普遍なるもの」を見ることが大事なんじゃないかなと私は思っています。

今、「真理を求めている哲学者《てつがくしゃ》が本当にいるのかどうか」ということも疑わしく思いますし、宗教家のなかにおいても、確かに、数多くの宗教がございますけれども、やはり、宗教の、ある程度のよし悪《あ》しはあるだろうと思うのです。

だから、和歌のよし悪しや、和歌による言魂《ことだま》（言霊）のよし悪しが分かるような目や、そういう心を持っていたら、宗教だって、書いたものの、その「調べ」というか「響《ひび》き」を見れば、それがよきものか悪きものかぐらいは分かるはずなんですが、それさえ分からない人が多くなって、無機質の機械的な文章に慣れた方が多くなりすぎたのかな、というような感じがしています。

そうした理科系統の科学技術の進歩は目覚ましくて、もう止まらない状態まで来ていますが、それが文系的なものを侵食《しんしょく》して、そちらのほうも無機質なもの、機械的なものに変えていっている現状に関しては、とても悲しい思いでいっぱいです。

現代は「大いなる神」を忘れ去ってしまった残念な時代

武田　ただ今、教育の話を頂きました。まさに、教育が人をつくり、結局、国をつくっていくことになるのだと思いますが、「『神なき教育』というものは、そもそも許されるのか。また、それが、いったい、何を意味し、現代にどのような影響《えいきょう》を及ぼしているのか」ということに関して、額田女王様から何かコメントがございますでしょうか。

額田女王　人間の数が増えすぎて、そして、仕事が専門分化しすぎて多様になって、それで、それぞれの人間が、みんな〝小さな神〟になっていこうとしているわけで、民主主義的な理想には向かっているのかと思います。

私どもが生きた古代の時代は身分格差がそうとうあった時代でございますので、そういう時代から見れば……、まあ、（私たちの時代も）天皇も百姓《ひゃくしょう》も、歌においては、もちろん認められることはありましたので、「和歌における平等」というのは確かにありましたですけれども、何と言いますかねえ、うーん……、（現代は）それぞれが〝神〟になることによって、いわゆる「大神《おおかみ》」というか、「大いなる神」が見えなくなってしまったようなところはあるのかなあ。

だから、「自己実現」というものも、確かに、「自分を磨《みが》き出す」という意味での自己実現には尊いものがあると思うし、反対する気も全然ありません。いいことだとは思います。

しかし、それが、「自分が〝神〟になってしまって、目に見えない世界にある大いなるものを忘れ去って、自分たちが慢心《まんしん》してしまう」という風潮につながるなら、残念なことだなと思っております。「何らかの機械類をつくり出したことが、自分が〝神〟であることの証明」というように思っているのだったら、とても残念だなと思っています。

8　幸福の科学大学「不認可」をどう見るか

「不認可は、理性的に見て理解できない」

武田　私は、やはり、「神の言葉」、あるいは「神のお心」を反映した教育というものが、現代、本当に求められていると思っています。ところが、先般《せんぱん》、来年（二〇一五年）四月からの開学を目指して国に申請《しんせい》しておりました「幸福の科学大学」が、文部科学省から「設置の不認可」という判断をされました。

「私立の宗教大学を国が認めない」という事実に関しまして、額田女王様は、今、どのようにお感じになっておられるでしょうか。

額田女王　不思議にしか見えませんねえ。とても不思議だし、「今の政権や文科省が、『道徳教育を進めよう』という方針を出しているなかで、それを認めない」ということは、やっぱり、どうしても、不思議すぎて納得《なっとく》がいかないですね。

そちらの方向に行くのでしたら、思想的に見ても、きちんと合っていることであるのでね。幸福の科学大学をお認めになったほうが、「道徳教育を推《お》し進めていく」という目標を持っておられるのでしたら、圧倒《あっとう》的に有利なのです。

幸福の科学大学をご認可なされたら、今は、なかなか捕鯨《ほげい》ができませんけども、捕鯨でいえば、捕鯨船の船首《せんしゅ》に付いている大きな大砲《たいほう》から、錨《いかり》のようなものを撃《う》ち出して、クジラのなかにボンッと刺《さ》さって、ロープがピンと張られたような状態になると思うんですよ。

幸福の科学大学を認可されたら、そういう感じで、もうピシッとクジラが引っ張っていくと思いますけどもね。この流れのなかに、道徳教育が進んでいくと思うのです。

だから、やっていることが、完全に逆行しているというか、矛盾《むじゅん》しているので、私のほうは、ちょっと理解できない行動に見えます。これは、理性的に見ても、理性的な判断を欠いているのではないかと思っています。唯物論《ゆいぶつろん》的な教育だけで満足して、もう「文部」の部分も取れて、「科学省」だけになって、「教育は科学しかない。『科学省』『唯物論科学省』という省庁である」というなら分かりますが、科学からは道徳はどうしても出てきませんので、無理だと思います。

だから、「道徳の先にあるもの」としての宗教をできるだけ認めていこうとしなければいけないし、そのなかから選ぶとしたら、今、どこに当たるかというと、やはり、今の政権が目指すところ、非常に目標になるのは、幸福の科学が目指しているものではないかなと思います。

もし、「目指しているものが同じ方向に向いているのにもかかわらず、それを認めない」ということであれば、むしろ、「政治家がやろうとしていることを幸福の科学のほうが先取りしていることに対して、政治家が、その宗教の仕事に嫉妬《しっと》をした」というような感じに受け取っております。

学問とは「訓練でできるようになるもの」ではない

武田　また、本日は、前半のお話で、額田女王様から、「霊言《れいげん》の尊さ」というものを教えていただきました。

いわば、「霊言とは、本当に、この世で最も大切なもの、最も尊いものである」というように、お話を伺《うかが》っていて思ったのですけれども、今回、文部科学省は、幸福の科学大学の設置を不認可にした主な理由として、「霊言を根拠《こんきょ》とした教育内容は、学問とは認められない」ということを挙げてきました。これに関しては、どのようなご意見をお持ちでしょうか。

額田女王　何か、もう、不思議な感覚に包まれてしまいますねえ。

その学問というのは、「そろばんは練習したら、みんなができるようになる」とか、「計算機をみんなが打てるようになる」とか、「コンピュータも、教室で教えればみんな使えるようになる」とか、そのような、「訓練でできるようになるものが、学問」というように捉《とら》えているんじゃないかなと思うんですよ。

ところが、私も経験はしましたけれども、御神事《ごしんじ》に携《たずさ》われる人間というのは、やはり、本当にいつも一部しかいなくて、「万人《ばんにん》が訓練すれば、みなさん巫女《みこ》さんになれて神降ろしができるようになるか」といったら、ならないんですよ。そういうようには、ならないことになっているのです。これは、世界の常識なのです。

だから、「訓練したら、みんな同じようになる」ということでもって「学問」と言うなら、それは、やっぱり、ちょっと違《ちが》いがあるような気がいたしますね。

まあ、それは言えば分かると思いますが、文部科学省のなかには、大臣は一人しかいないと思います。それを「文部科学大臣が、実は、全国にいっぱいいるような状態で、本当に文部科学行政が成り立つのですか」と言われたら、「それは困ります」ということになるでしょう。

だから、選ばれて、やっぱりなるのでしょうから、それと同じようなものでして、神様の声を伝える人となりますと、だんだん数は少なくなっていきますし、伝えられる者でも中身に程度の差が出てまいりますので、最後は、だんだんだんだん狭《せば》まっていきますわね。

そういう意味で、やはり、「レベルの差がある」ということは認めざるをえません。

スポーツだって、百メートルを走っても、世界一の速さで走る人とそうでない人との差は、はっきり出るわけだし、サッカーをやっても、世界一になるところとそうでないところは、やっぱり出るわけですから、それはこの世界でも同じでして、「最高度の神様の声を伝えることができる人」となると、最後は一人になっていくと思いますし、同時代に一人いるかどうかも極《きわ》めて難しいことであろうかと思うのです。

一人でない場合は、まあ、最高レベルまでは行かないけれども、ある程度のところまで伝えられる人が複数いるような時代もあるだろうとは思いますけどもね。

「学問性というのは、職業訓練的にやれるようなもの」というふうに捉えているのではないかと思うので、やや違うんじゃないでしょうかね。

まあ、これは御神事だけじゃなくて、思想においても同じでして、偉大《いだい》な思想というのは、やっぱり一人の人から紡《つむ》ぎ出されることが多くて、みんなから同じものが出てくるということはないわけです。

それを広げるために、「教育として固めて多くの人が習って、先生をつくって教えていく」という過程のなかで学問は成立してくるわけなので、最初の思想そのものをつくる人は一人だろうと思うんですよね。

だから、大学があったから、カントが生まれたわけじゃなくて、「カントがいるから、カントの教えが大学で教えられている」ということなんだと思うんですねえ。

まあ、あえて言えば、「そろばんや計算機を訓練して、みんな使えるようになることが学問だ」というふうに言っているようにしか聞こえないので、たいへん残念だなと思っています。

9　大学設置審議会《しんぎかい》と文科大臣の「問題点」とは

幸福の科学大学を判定できる立場にない審議会《しんぎかい》

武田　もう一つ非常に問題ではないのかと思うのですが、決定される過程が非常に分かりにくいものになっています。

大学設置審議会《しんぎかい》というものがございまして、そこが大学側からの申請資料をもとに設置認可の可否を判断し、文科大臣は「その答申に従った」とすることで、文科行政のトップが判断責任を回避《かいひ》できる仕組みになっているのです。

また、審議会での議論の内容は公開されません。つまり、議論さえ行われたのか、行われていないのかもよく分からないような「密室」から結論だけが出てくるのです。

このようにして大切な問題が決定される現在の制度について、何かご意見はございますでしょうか。

額田女王　まあ、「権威《けんい》」と「権威」がぶつかったんだろうとは思いますけどもねえ。だから、「幸福の科学さんが、もはや、かなり力をおつけになられたので、それを今さら、他人様《ひとさま》に権威づけをしていただくのはおかしい」というふうなことでしょうか。

例えば、ピアノの先生について習ってはいたけれども、ピアノの世界コンクールで優勝してしまって一位になってしまったら、もはや、先生はいなくなって、自分でやるしかなくなるようなときが来るでしょう？

あるいは、将棋《しょうぎ》であれば、どこかで弟子《でし》入りして教わっているわけでしょうけれども、将棋の名人戦で勝ってしまったら、もはや弟子としてはいられないわけで、独立して自分が先生になるしかないでしょう？　もう、その段階まで来ていると思うんですよ。

だから、ほかの学者の先生とか、いろんな方々がご審議なされてもですねえ、残念ながら大川隆法総裁が書かれた数多くの著書を理解して、それを吟味《ぎんみ》でき、判定できるだけの立場には立っていないということだと思うんですね。その他大勢であると思うんです。

選ばれた人たちであるのかもしれませんけれども、すでに彼らが審議できるレベルをはるかに通り過ぎてしまっているのではないかと思うんですねえ。

あえて言えば、そうですねえ。自転車に乗ったおまわりさんが新幹線を追いかけて、「スピード違反《いはん》だあ！」って横で叫《さけ》んでいるような感じに私は見えましたけどもねえ。

審議会《しんぎかい》のメンバーには「信仰《しんこう》チェック」が必要

武田　もしお分かりになるのであれば、伺《うかが》いたいことがあります。

額田女王様は霊《れい》存在であられますので、地上のわれわれの心のなかや、何を行ってきたのかを見ようと思えば、ご覧になれる立場にあるかと思います。

私たちは、今回の結果に関して、本当に悲しい気持ちを持っています。「幸福の科学大学に入学したい」と思っていた子供たちもたくさんいたため、この子たちの人生設計が狂《くる》ってしまいましたし、理想の教育を望む声も全国から多数寄せられていました。そのため、「審議会《しんぎかい》でどのような議論がなされて、結論が出されたのか、ぜひ知りたい」という声が止《や》まないのです。

もし、何かお感じになられることや、そのときの様子はお分かりになるようでしたら、教えていただけないでしょうか。

額田女王　本当は審議会のメンバーをつくる前に「信仰《しんこう》チェック」をしな

きゃいけないぐらいでしょうね（笑）。

武田　そうですね。

額田女王　それをまずしなければ、結果が決まってしまいますから。最初のメンバーのつくり方で結果が左右されてしまいますので。

特に、「新宗教が絡《から》んでいる大学」ということであれば、新宗教に対して頭から完全に否定的な人は、はっきりといらっしゃいますので、頭から否定的な人を議論に入れたところで、結論はそんなに簡単に変わるわけがありません。人の集め方で、結論は最初から、ある程度は決まりますので。

それを、幸福の科学の大学関係者の方が説得しようとしても、むしろ、向こうのほうに許認可権限がある以上、「あんたがたのほうが、考え方を変えろ」というふうに言われるんだろうと思うんですね。

「和歌をやめて電子メールをせよ」というクレームと同じ

額田女王　例えば、「和歌を詠《よ》むのをやめて、電子メールを送る練習をせよ」というクレームがついているんだと思うんです。はっきり言えば。

「いえ、和歌というのは言魂《ことだま》（言霊）が宿って、永遠の魂《たましい》の叫びというものが後世まで遺《のこ》っていくものなので大事なものです。その三十一文字を守らなきゃいけないんです」と幾《いく》ら言っても、「いえ、もう今は電子メールの時代ですから、百四十字以内に考え方をまとめて送れば、それでいい

● Twitter《ツイッター》で一度に投稿できる文字数の上限。

んです」というふうな感じで押《お》しつけてくるやり方といえば、そういう感じかと思うんですけどね。だから、通じないものは通じないですよね。

同じことは、ほかにも言えると思うんですよ。

例えば、華道《かどう》なら、池坊《いけのぼう》から、いろんな華道があるし、お茶なら、裏千《うらせん》家《け》、表《おもて》千家、いろんなお茶の流派もあると思いますけども、関係がない方々で、美術評論家やワイン検定を持っている方だとか、日本の醸造酒《じょうぞうしゅ》協会の会長が出てきたりとかして、「お茶の裏千家の流派が、正しいかどうか」の判定とか、あるいは、「お華《はな》のこの流派のこの人が、次の学校を開くのが正式かどうか」を判定できるかといったら、できない。

だから、「芸術性」とかにかかわるもの、「芸術性」や「心」や「魂」に関係するものに関しては、この世で似たような学校形態を持っているものを経営している人であったとしても、それを判定できないというのが普通《ふつう》だと思うんですね。

「カリスマ美容師」に対して国家資格の審査《しんさ》をするのか

額田女王　例えば、美容なら、いちおう美容師になるのに国家資格が要《い》るとは思うんですが、まったくの素人《しろうと》の方が練習や勉強をして、何と言いますか……、かつらをカットして練習して、友達や親戚《しんせき》の方とか、家族の方とかの髪《かみ》を刈《か》る練習をして、そして最後に国家資格を取るというレベルの人と同じように、すでに「カリスマ美容師」として活躍《かつやく》している人を呼んできて、国家資格が認定できるかどうかを審査《しんさ》するとかなったら、それは、そうとう難しいことだと思うんですよ。「そんなカットの仕方はない」とか、「そんな仕方は教えてない」とか、いっぱい言うと思うんですね。

これは、もうすでに〝次元〟を超《こ》えてしまっているわけです。お客様のほうが判定しているわけです。

新しい時代のトレンドをつくるためのカットの仕方とかいうものをつくり出している、トレンドメーカーとしてのカリスマ美容師が存在したら、「これから、もう一回、国家資格を取ってもらいます」というレベルでは、たぶん無理だし、そういう人に審査させると、たいてい、「嫌《いや》だ」「ノー」という判定はするだろうと思うんですね。

そのなかには、嫉妬《しっと》が半分と、残り半分は、「自分たちの判定能力を超えているために理解できない」というものがあると思うので、このへんについては、はっきり言って、ある意味で審査する側のほうが断念しなきゃいけない面が、私はあるんじゃないかと思います。

「宗教は公益法人」であることを否定する今回の結果

額田女王　世間《せけん》では、新宗教について評判が悪いところが多いのは事実かもしれませんけれども、それを全部否定したら、要するに「宗教法人は公益法人だ」ということ自体を否定するのと一緒《いっしょ》ですので、やっぱり、そういうわけにはいかないだろうと思うんです。

公益法人として認められていても、「犯罪団体として認定されて、社会的に糾弾《きゅうだん》されている」というようなところは別ですけども、そうでなくて、

「通常に本を書いて、それが広告にも載《の》り、多くの人たちにも社会的な問題を起こさない範囲《はんい》内で活動して広げている」という段階であれば、これは形式審査的に見て、全然、問題のないことであるのです。「学問として宗教の教義の影響《えいきょう》を受けているかどうか」ということは、「選択《せんたく》の自由」なので。

「ジャンヌ・ダルク」や「イエス」の迫害《はくがい》との共通点

額田女王　ほかの宗教だってあるわけですから。キリスト教のカトリックとプロテスタントだって意見が合わないわけですから、どっちかが「マル」で、どっちかが「バツ」というわけにはいかない。絶対、許さないと思います。

カトリックの人ばかりを集めて、イスラム教の大学の審査にあたらせたら、それは認めるわけにはいかないでしょうね。カトリックやプロテスタントのクリスチャンだけで、審議員を組んで判定させたら、それは認めないでしょうね。

そういうふうに、「その構成メンバーが正当であるかどうか」ということろは、個人的な資質のチェックで、最初からある程度決まっている面がありますので、ここは問題がありますね。

だから、「ジャンヌ・ダルク裁判」なんかと同じなんじゃないでしょうか。国民は「神の少女」として支持をなされていた。そして、英国軍が撤《てっ》退《たい》するのに非常に役に立った方で、国民的英雄《えいゆう》だったはずなんですけども、同じフランスのなかで、カトリックの先生がたに審判された。まあ、基本的には嫉妬された。「買収されていた」とも言われてますけども、「嫉妬されて、火あぶりになった」ということでしょう。

（ジャンヌ・ダルクが）英雄であったことは事実で、みんなが認めていることなのに、「神が自分たちのような正統な資格を持っている聖職者でなくて、無学な田舎《いなか》の農家の娘《むすめ》に乗り移ってフランスを解放した」ということが認められないんですね。

そして、ささやかなことで教会法違反ですよね。「親の言うことをきいたか」みたいな感じで。例えば、両親の許可を取らずに家出して、戦《いくさ》に臨《のぞ》んだわけでしょう？　あるいは、女だてらに鎧兜《よろいかぶと》を被《かぶ》って戦ったりした、と。「その権威はどこから来ているのか」ということですが、明らかにその権威は神から来ているものですよね。

だから、「神からきた権威を、この世の神学校《しんがっこう》で勉強しただろう聖職者たちが審議できるか」ということです。同じものであっても、できないものがある。

これは、イエスに起きたものと同じことですよね。

イエスは、ユダヤ教のつもりで神の教えを伝えていたけども、正統のユダヤ教の学校で学んだ人たち、資格を取っている方々は、イエスを正統とは認めなかったわけです。「自分の個人的な修行《しゅぎょう》でやっただけのものだ。そういう特殊《とくしゅ》な新宗教だ」ということで迫害《はくがい》して、十字架《じゅうじか》に架けたのでしょう?

まあ、それと同じくらいの規模のものが、今、起きているので、「これは審査になじまないものだ」と基本的には考えるべきです。

「審議会《しんぎかい》が不認可を出したことは、信じられない暴挙《ぼうきょ》」

額田女王　ごく形式的な面、組織犯罪をもくろんでいて、今、集団的にこれを認めたら……。例えば、理系学部だったら、「機関銃《きかんじゅう》を大量に製造して、『イスラム国』に人をいっぱい送り出して、向こうでゲリラをいっぱい起こす」というような団体であるなら、認可しないというのは分かります。それは理由が分かりますよ。そうであれば、その理由は分かりますけれども、そういうものについて、まったく証拠《しょうこ》が出ているわけじゃないし、（幸福の科学大学は）そんな傾向《けいこう》はまったく出ていませんので。

それから、同じく宗教であっても、「他宗排斥《はいせき》的な宗教」というのは嫌《きら》われることが多いです。一神教的なもので、「これしか正しいものはない。あとは全部偽物《にせもの》だ」というかたちでやるところは嫌われることがあって、歴史的に弾圧もされていることがありますけれども、（幸福の科学には）そういうところもなくて、ほかの宗教に対してもできるだけ受け入れようとする態度を持っていますから、「宗教的に見ても、特別に非難される筋合いはない」というふうに思います。

だから、あるとしたら、（幸福の科学が）たくさんのベストセラーを出している、つまり、あなたがたから言えば、布教《ふきょう》を一生懸命にやっているわけだけども、学者の側には、布教を一生懸命《いっしょうけんめい》にやっていることが、自分たちの本が売れない、あるいは論文が書けないということと引き比べて、すごくずるい手段を使って本を売って、金儲《かねもう》けをしているように思う人もいて、一部、週刊誌なんかが噛《か》みついてきて、煽《あお》っているようなことに便乗している人もいたかもしれませんね。

まあ、そういう、いろんな不幸も入っているのかなあとは思いますが、私は基本的には、「審議会が答申として不認可を出したことは、信じられない暴挙《ぼうきょ》だ」というふうに思っております。

10 「不認可」に関する「圧力」の根源はどこか

「新しい学問は学問ではない」という考えは成り立たない

武田　本当におっしゃるとおりでございまして、現文科大臣が決めた大学設置審議会《しんぎかい》のメンバーには、キリスト教系の大学の総長、理事長、学長といったレベルの人が複数名入っていますし、その会長の方が、まさに、キリスト教系大学の総長でございました。

文科省から最終的に受け取ったものには、「慎重《しんちょう》かつ公正な審査を行った結果、幸福の科学大学における教育内容が、学問として認められない」

とあるのですが、これは、あらかじめ、「結論が決まっていた」と受け止めたほうがよろしいということでしょうか。

額田女王　まあ、それは、いわば、「新しい学問は学問ではない」って言ってるようなものだと思います。まあ、そんな感じかな。

武田　はい。

額田女王　「白馬《はくば》は馬《うま》にあらず」「新しい学問は学問にあらず」ということで、「古いものだけが学問だ」と言ってるように聞こえますね。

だから、宗教に関係する宗教の大学であれば、「古いものなら学問です。

新しいものは学問ではありません」と言っているわけですが、それは、科学に置き換《か》えて判断してみても、おかしいんじゃないですか。

つまり、「古い科学は正しい。エラトステネスのころの科学は正しい」、あるいは、うーん、私は、科学に対しては詳《くわ》しくはございませんけれども、「アルキメデスの時代の科学は正しい。ニュートンの時代の科学は正しい。だけど、そのあと、二十世紀になってからのアインシュタイン以降の科学は正しくない。新しいものは、みんな眉唾《まゆつば》だ」と言ってるようなものだと思うのです。科学においても、最先端《さいせんたん》のものは、いわゆる、今までの古いものから見れば、眉唾に近いものですよね。

私は詳しくは存じませんけれども、例えば、ニュートンという人が認められて、その科学が基礎《きそ》になっても、アインシュタインという人が出てきたときには、「時空は一定のものだと、みんなは考えていたが、それが曲がったりする」とか、いろんなことを考え始めたんだと思うんですよ。そういうことは、ちょっと、常識を外《はず》れていたことだとは思いますが、学問のなかには、やっぱり、そういうものがあるわけなので、「新しいから、まだみんなが認めてないから、正しくない」っていうのは、ちょっと問題があるんじゃないですか。

まあ、私の和歌の世界なんかは、そうかもしれませんし、例えば、「古代史とか古代の文学とかを研究するのは学問であって、現代文学は学問じゃない」などと言うことはできると思うんですが、現代文学だって、大学では研究されているはずですよね。

村上春樹《むらかみはるき》だって、現代文学であり、今、現在進行形で書いてるでしょう？　だけど、それだって、大学での研究は十分に成り立つはずですよね。「明治期までの小説家しか認めない」とか「（森《もり》）鴎外《おうがい》とか（夏目《なつめ》）漱石《そうせき》以外は認めない」とか、そういうわけじゃないでしょう？

　まあ、そのへんのところに対しては、もし、発展的に物事を考えている人であれば、「おかしい」というふうに思いますので、これ（幸福の科学大学不認可）については、審議のメンバーにも問題はあるでしょうが、やはり、「上にある方のご判断に、そうとう恣意《しい》的なものが影響《えいきょう》している」というふうに考えていいと思います。

　ですから、〝大学設置審〟かなんか知りませんけれども、そういうところの方々は、「大臣の言うことをきかなければクビにされる」ということなのでしょう。

「幸福の科学大学認可」を考える審議会《しんぎかい》メンバーはいた

武田　もし、お分かりになれば伺《うかが》いたいのですが、審議会《しんぎかい》のメンバーは十五名いまして、おそらく、最後の結論を出す際には、決議を取って決まったのではないかと思うのです。この十五名のなかに、「幸福の科学大学を認可してよい」とお考えくださった方はおられたのでしょうか。これについて、お分かりになりますでしょうか。

額田女王　私は、かなりいたように思いますけれども。

武田　そうですか。

額田女王　まあ、長いセッションの間では、最後まで頑《かたく》な方も、だいぶいらしたことは事実だろうけれども、ある程度、「これは、もう、しかたがないのではないか」と受け入れた方と、積極的な方とに分かれたのではないかと思います。

武田　そうすると、「大臣の意向と審議会の結論が、実は、別のものであった可能性がある」ということでしょうか。

額田女王　うーん。まあ、審議会は、基本的には、誘導《ゆうどう》されているところがあったんじゃないでしょうかね。

武田　うーん。

額田女王　そういうふうに思いますけどもね。

だから、まことに残念なことですが、片方は、「新文明をつくる」というだけの意気込み《いきご》みを持ってやっているのに、もう片方は、「自らの保身と現在ただ今の状況《じょうきょう》を守る」ということに力を注がれたのではないかと感じています。

武田　なるほど。

個人的な理由から「霊言集《れいげんしゅう》」を認めたくない文部科学大臣

武田　もし、言葉を足していただけるのであれば、やはり、（幸福の科学大学の不認可は）最後は、文部科学大臣の判断だったと思いますので、この大臣の心境といいますか、お考えというものがお分かりになれば、お教えいただきたいと思います。

額田女王　だから、「自分の選挙に有利にならない考えを持っているものは認可しない」ということでしょう。

武田　ああ……。もう、それに尽《つ》きると？

額田女王　うん、うん。

それで、まあ、私の想像ですけれども、おそらくは、内閣でも不一致《ふいっち》だと思います。意見は一致してなかったのでないかと思いますね。

武田　はい。

額田女王　安倍《あべ》内閣は、基本的には、幸福の科学の流れに乗っていたはずなので、説得は試みたと思うんですが、「(文部科学) 大臣のほうが、頑固《がんこ》で聞き入れなかった」ということだと思います。

武田　ああ……。

額田女王　基本は、そうだと思います。

武田　なるほど。そうしますと、「大臣の私怨《しえん》が絡《から》んでいるのではないか」というように言われているのですが、個人の判断によるものだったのでしょうか。

額田女王　まあ、「霊言集《れいげんしゅう》というところが引っ掛《か》かっている」と言ってますが、要するに、それを認めたら、「自分に対するもの（霊言集）も正しいことになる」ということに対して、納得《なっとく》がいかないということでしょう（注。下村《しもむら》文部科学大臣の守護霊霊言《しゅごれいげん》を収録した霊言集が、これまでに四冊発刊されている。『文部科学大臣・下村博文守護霊インタビュー』『文部科学大臣・下村博文守護霊インタビュー②』『スピリチュアル・エキスパートによる文部科学大臣の「大学設置審査」検証（上）（下）』〔すべて幸福の科学出版刊〕参照）。

「そこまで自分はお人好《ひとよ》しではないと言いたい」ということなのではないかと思います。

安倍さんの首相官邸《かんてい》側というか、内閣側は、やっぱり、「どうにかならないのか」と言っていたようには、私は聞いておりますけどもね。「だけど、文部科学大臣が頑固できかないので、とりあえず、オリンピック担当のところを外すことで、一つ、警告をしたけれども、それでも、まだ譲《ゆず》らなかった」というふうに聞いております（注。二〇一四年十月二十八日、文部科学大臣が兼任している五輪担当相を専任化し、閣僚を増員することが閣議決定された）。

武田　なるほど。

額田女王　ええ。

武田　分かりました。ありがとうございます。

安倍《あべ》政権の「女性の活躍《かつやく》推進」政策への危惧《きぐ》

武田　では、安倍《あべ》政権の今後に関してお訊《き》きします。

幸福の科学大学に関しては、今回のような判断をしましたが、安倍政権は、ほかにもいろいろと問題を抱えていると思います。この政権の行く末に関して、何か思うところがありましたら、お教えいただければと思います。

額田女王　まあ、女子を使ってくださるという方向はありがたいことだとは思っておりますけれども、出だしで躓《つまず》かれましたよね（注。二〇一四年十月二十日、小渕《おぶち》優子経済産業大臣と松島みどり法務大臣が辞任した)。

だから、これは、「難しい」ということだと思うんです。保守のなかでも、やっぱり、「家庭を持つこと」の難しさを知っている方もいらっしゃるから。それと、「仕事を続ける」っていうこととの両立は、なかなか難しいんですよね。

だから、仕事を続ける場合には、結婚《けっこん》しても子供を持ってないとか、子供は一人にするとか、また、子供も、「誰《だれ》か手伝ってくれる方がいる」とかいう条件がないと、なかなかできないこともあって、難しいことがあるんですけれども、やっぱり、ある程度、職業婦人が活躍《かつやく》するためには、一定の条件がないと無理ではないでしょうか。「みんなを平等にしたら、職業婦人として活躍できるか」っていったら、そんなことはないんじゃないかと思います。

やっぱり、男女の生物学的な違《ちが》いはございますので、私どもの感じから見れば、女性が働けて、それが一流の域まで行こうとするならば、独身であるのが、いちばん楽は楽です。

結婚するならば、相手の理解、「相手の仕事を完全にはサポートできないかもしれない」っていうことに対して（相手の）理解があることと、経済的にある程度、余裕《よゆう》があって、何らかのサポートを得られるような体制がつくれるといった条件がないと、やっぱり厳しいかなと思います。

確かに、子供のところは、保育所や幼稚園《ようちえん》、学校等の〝セブン‐イレブン化〟が進むと、仕事においては楽な面があるかもしれませんが、たぶん、今度は、「親子の関係」のところで問題が多発してくると思いますので、やっぱり、難しい面は残るのではないでしょうか。

まあ、これは選択《せんたく》なので、何とも申し上げられませんけども、もう、どうしてもどうしても胸が高鳴って、キュンキュンと高鳴って、止まらない人がいるんだったら、もうしかたないので、それは結婚したほうがいいでしょう（笑）。そのあとどうなるかは分からないですけども、まあ、そこまで胸が高鳴らないんだったら、「仕事を続ける」という判断も一つかなあと思います。

だから、「制度が全部揃《そろ》えば、みんながうまくいく」というふうには、必ずしもならないのではないかなあと思ってます。

武田　はい。分かりました。

11　額田女王は「現代に転生《てんしょう》している」

武田　最後に、ご転生《てんしょう》の真実を伺《うかが》いたいと思います。

額田女王　え？

武田　「転生」ですね。こちらについて伺いたいのですが、当会の過去の霊査《れいさ》では、額田女王様は、弟橘媛《おとたちばなひめ》にご転生されているということになっています。これは、真実と受け止めてよろしいのでしょうか。

額田女王　お昼ごろに、「それだけは言わないでください」ということも言われているのでございますが……。

武田　あ、そうでございましたか。失礼しました。

額田女王　内部不統一でございますが、よろしいんですか。

武田　では、またの機会にさせていただきたいと思います（苦笑）。

額田女王　うーん。「言ってはいけないタブーが幾《いく》つかあるらしい」というふうに聞いておりますので……。

武田　はい。そうですね。では、タブーを少し避《よ》けていただきまして、何か、私どもにお教えいただけるようなご転生がございましたら……。

額田女王　この霊言《れいげん》は、本になるのかとは思われますけども、今、地上に、私の魂《たましい》のきょうだいが出てはおりますので、その地上に出てる魂のきょうだいが、この本を読んで、「自分だ」ということに気がつくようであれば、もう少し語ることもできますが、気がつかないようであれば、それは、あんまり言ってはいけないことなのかなあというふうに思っております。

武田　はい。

額田女王　まあ、気がつかれればよいとは思っておりますけれども、たぶん、地上にいるほうは現在、「額田女王」と言われても、自分とは思ってないと思いますので、もし、それが分かるようであれば、話としては、もうちょっとつながるところがあるでしょう。

武田　はい。

額田女王　ただ、歌によって、遠距離《えんきょり》で心を通わせる仕事といいますか、そういう職業をやっていた者でありますので、離《はな》れていても、〝心の電話〟がつながってるところはあるかもしれませんね。

まあ、これ以上というのであれば、「もうちょっと、地上の人の側《がわ》が目覚めないと厳しいかな」というふうには思っております。

武田　はい。分かりました。本日は本当に貴重な御教《みおし》えを頂きまして、まことにありがとうございました。

大川隆法　（額田女王に）はい、どうもありがとうございました。

あとがき

古代の和歌の世界から、現代の宗教の霊言現象《れいげんげんしょう》まで、一貫した確信を持って語り続ける額田女王。霊言がなくなったら、「神の世界」と「人間の世界」は完全に断絶してしまう――と語った人は初めてだろう。「言魂《ことだま》」が理解できない人には、しょせん、「大和《やまと》の心」はわかるはずもないのだ。

進歩した現代も、その意味で大切な何かを忘れ去った。大きな代償を払ったものだ。

「科学」が打ち樹《た》てられる前に「霊言《れいげん》」は存在し、「学問」に先立って

「霊言」は存在し続けてきたのだ。
かつて天上界から、数多くの宗教に「霊言」という名の啓示《けいじ》を降《お》ろし、今、大川隆法という名で、神と高級諸霊と霊界の存在証明をしようとしている者の言葉である。『広辞苑《こうじえん》』には「霊言」という言葉はない。宗教家しか説明できないのだ。

二〇一四年　十一月十一日

幸福《こうふく》の科学《かがく》グループ創始者兼総裁《そうししゃけんそうさい》　大川隆法《おおかわりゅうほう》

『額田女王、現代を憂う』大川隆法著作関連書籍

『日本神道的幸福論』（幸福の科学出版刊）
『卑弥呼の幸福論』（同右）
『豊受大神の女性の幸福論』（同右）
『文部科学大臣・下村博文守護霊インタビュー』（同右）
『文部科学大臣・下村博文守護霊インタビュー②』（同右）

額田女王《ぬかたのおおきみ》、現代《げんだい》を憂《うれ》う

2014年11月12日　初版第1刷

著　者　　大《おお》川《かわ》隆《りゅう》法《ほう》

発行所　　幸福の科学出版株式会社

〒107-0052 東京都港区赤坂2丁目10番14号
TEL(03)5573-7700
http://www.irhpress.co.jp/

印刷・製本　株式会社 東京研文社

落丁・乱丁本はおとりかえいたします

ISBN978-4-86395-601-8 C0030
イラスト：服部新一郎

大川隆法霊言シリーズ・女性の生き方のヒント

日本神道的幸福論

日本の精神性の源流を探る

「神道は未開の民族宗教だ」というのは、欧米の誤解だった。古来、日本人の幸福の基礎であった、日本神道の源が明かされる。

1,500円

竜宮界の秘密

豊玉姫が語る古代神話の真実

記紀神話や浦島伝説の真相とは？　竜宮界の役割とは？　美と調和、透明感にあふれた神秘の世界の実像を、竜宮界の中心的な女神・豊玉姫が明かす。

1,400円

「神秘の時」の刻み方

女優・深田恭子 守護霊インタビュー

成長するたびに、魅力的になっていく不思議な“癒しオーラ”の秘密。人気女優の守護霊が明かした演技、結婚、過去世、魂のルーツ。

1,400円

幸福の科学出版

大川隆法霊言シリーズ・文部行政のあり方を問う

南原繁「国家と宗教」の関係はどうあるべきか

政治権力による抑圧は、全体主義への道――。戦時中、全体主義を鋭く批判したクリスチャンの東大元総長が、現代に向け、改めて「自由の価値」を問う。

1,400円

矢内原忠雄「信仰・言論弾圧・大学教育」を語る

宗教の教義は、教科書と同じように検定できるものなのか？ 敬虔なクリスチャンである東大元総長が、苦言を呈す！

1,400円

内村鑑三「信仰・学問・迫害」を語る

激しく、熱く、純粋に――。プロフェッショナルとしての信仰者の条件とは何か。この世の誤った「常識」に打ち克つ信仰論と伝道論が、この一冊に。

1,400円

※表示価格は本体価格（税別）です。

大川隆法ベストセラーズ・大学設置審議会の信義とは

大学設置審議会インサイド・レポート

大学設置分科会会長 スピリチュアル・インタビュー

数多くの宗教系大学が存在するなか、なぜ、幸福の科学大学は「不認可」だったのか。政治権力を背景とした許認可行政の「闇」に迫る。

1,400円

下村文科相守護霊霊言を客観的に検証!

スピリチュアル・エキスパートによる文部科学大臣の「大学設置審査」検証(上)

里村英一・綾織次郎 編

6人の「スピリチュアル・エキスパート」を通じ、下村文科大臣の守護霊霊言を客観的に分析した"検証実験"の前編。大学設置審査の真相に迫る!

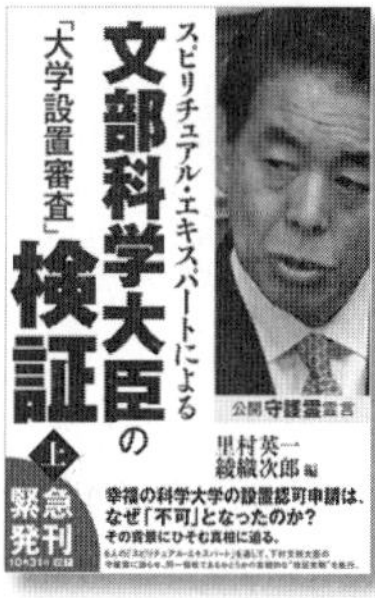

1,400円

スピリチュアル・エキスパートによる文部科学大臣の「大学設置審査」検証(下)

里村英一・綾織次郎 編

下村文科大臣の守護霊霊言に対する"検証実験"の後編。「学問・信教・言論の自由」を侵害する答申が決定された、驚きの内幕が明らかに!

1,400円

大川隆法ベストセラーズ・幸福の科学が目指す理想の大学教育

幸福の科学大学創立者の精神を学ぶⅠ（概論）

宗教的精神に基づく学問とは何か

財政悪化を招く現在の経済学に、戦後教育の自虐史観。諸学問を再構成し、新しい未来を創造する方法を示す。

1,500円

幸福の科学大学創立者の精神を学ぶⅡ（概論）

普遍的真理への終わりなき探究

学問の本質とは、「知を愛する心」。知識量の増大と専門分化が進む現代において、本質を見抜く、新しい学問とは。

1,500円

新しき大学の理念

「幸福の科学大学」がめざす ニュー・フロンティア

日本の大学教育に新風を吹き込む「新時代の教育理念」とは？　なぜ、幸福の科学は、新しい大学を目指すのか。未来へ貢献する人材を生み出す教育を語る。

1,400円

※表示価格は本体価格（税別）です。

幸福の科学グループのご案内

宗教、教育、政治、出版などの活動を通じて、地球的ユートピアの実現を目指しています。

宗教法人　幸福の科学

一九八六年に立宗。一九九一年に宗教法人格を取得。信仰の対象は、地球系霊団の最高大霊、主エル・カンターレ。世界百カ国以上の国々に信者を持ち、全人類救済という尊い使命のもと、信者は、「愛」と「悟り」と「ユートピア建設」の教えの実践、伝道に励んでいます。

（二〇一四年十一月現在）

愛

幸福の科学の「愛」とは、与える愛です。これは、仏教の慈悲《じひ》や布施《ふせ》の精神と同じことです。信者は、仏法真理をお伝えすることを通して、多くの方に幸福な人生を送っていただくための活動に励んでいます。

悟り

「悟り」とは、自らが仏の子であることを知るということです。教学《きょうがく》や精神統一によって心を磨き、智慧《ちえ》を得て悩みを解決すると共に、天使・菩薩《ぼさつ》の境地を目指し、より多くの人を救える力を身につけていきます。

ユートピア建設

私たち人間は、地上に理想世界を建設するという尊い使命を持って生まれてきています。社会の悪を押しとどめ、善を推し進めるために、信者はさまざまな活動に積極的に参加しています。

海外支援・災害支援

国内外の世界で貧困や災害、心の病で苦しんでいる人々に対しては、現地メンバーや支援団体と連携して、物心両面にわたり、あらゆる手段で手を差し伸べています。

自殺を減らそうキャンペーン

年間約３万人の自殺者を減らすため、全国各地で街頭キャンペーンを展開しています。

公式サイト **www.withyou-hs.net**

ヘレンの会

ヘレン・ケラーを理想として活動する、ハンディキャップを持つ方とボランティアの会です。視聴覚障害者、肢体不自由な方々に仏法真理を学んでいただくための、さまざまなサポートをしています。

公式サイト **www.helen-hs.net**

教育

学校法人 幸福の科学学園

学校法人 幸福の科学学園は、幸福の科学の教育理念のもとにつくられた教育機関です。人間にとって最も大切な宗教教育の導入を通じて精神性を高めながら、ユートピア建設に貢献する人材輩出を目指しています。

幸福の科学学園

中学校・高等学校（那須本校）
2010年4月開校・栃木県那須郡（男女共学・全寮制）
TEL **0287-75-7777**
公式サイト **happy-science.ac.jp**

関西中学校・高等学校（関西校）
2013年4月開校・滋賀県大津市（男女共学・寮及び通学）
TEL **077-573-7774**
公式サイト **kansai.happy-science.ac.jp**

幸福の科学大学
TEL **03-6277-7248**（幸福の科学 大学準備室）
公式サイト **university.happy-science.jp**

仏法真理塾「サクセスNo.1」 TEL **03-5750-0747**（東京本校）
小・中・高校生が、信仰教育を基礎にしながら、「勉強も『心の修行』」と考えて学んでいます。

不登校児支援スクール「ネバー・マインド」 TEL **03-5750-1741**
心の面からのアプローチを重視して、不登校の子供たちを支援しています。
また、障害児支援の「**ユー・アー・エンゼル!**」運動も行っています。

エンゼルプランV TEL **03-5750-0757**
幼少時からの心の教育を大切にして、信仰をベースにした幼児教育を行っています。

シニア・プラン21 TEL **03-6384-0778**
希望に満ちた生涯現役人生のために、年齢を問わず、多くの方が学んでいます。

NPO 活動支援

学校からのいじめ追放を目指し、さまざまな社会提言をしています。また、各地でのシンポジウムや学校への啓発ポスター掲示等に取り組む一般財団法人「いじめから子供を守ろうネットワーク」を支援しています。

公式サイト **mamoro.org**
相談窓口 **TEL.03-5719-2170**
ブログ **blog.mamoro.org**

政治

幸福実現党

内《ない》憂《ゆう》外《がい》患《かん》の国難に立ち向かうべく、二〇〇九年五月に幸福実現党を立党しました。創立者である大川隆法党総裁の精神的指導のもと、宗教だけでは解決できない問題に取り組み、幸福を具体化するための力になっています。

党員の機関紙
「幸福実現NEWS」

TEL 03-6441-0754
公式サイト hr-party.jp

出版メディア事業

幸福の科学出版

大川隆法総裁の仏法真理の書を中心に、ビジネス、自己啓発、小説など、さまざまなジャンルの書籍・雑誌を出版しています。他にも、映画事業、文学・学術発展のための振興事業、テレビ・ラジオ番組の提供など、幸福の科学文化を広げる事業を行っています。

アー・ユー・ハッピー？
are-you-happy.com

ザ・リバティ
the-liberty.com

幸福の科学出版
TEL 03-5573-7700
公式サイト irhpress.co.jp

THE FACT

ザ・ファクト
マスコミが報道しない
「事実」を世界に伝える
ネット・オピニオン番組

Youtubeにて
随時好評配信中！

ザ・ファクト　検索